M1 „Die Nation ist betrogen"

Der Pädagoge und Verwaltungsbeamte Gerd Eilers (1788–1863) blickt in den 1850er Jahren in seinen Memoiren auf die Lage in Deutschland zu Beginn des 19. Jahrhunderts zurück.

Fast alle Staatsmänner und Offiziere höherer wissenschaftlicher und politischer Bildung, mit denen ich in Frankfurt und später in Bremen und in der Rheinprovinz[1] verkehrte, erblickten die nächsten Ursachen der stets zunehmenden Unzufriedenheit des Volkes mit den Regierungen darin, dass man die Jugend erst für die Befreiung Deutschlands und seiner Fürsten aus schmachvoller Knechtschaft[2] begeistert und ins Feld geführt[3], dann aber, nachdem das Werk in nie gesehener Einigkeit einer allgemeinen patriotischen Erhebung mit Strömen unschuldigen Bluts vollbracht worden und das ganze deutsche Volk mit geheiligtem Rechte eine neue einheitliche Einrichtung der staatsbürgerlichen Lebensverhältnisse erwarten durfte, der Wiener Fürstenkongress[4] nur zu deutlich die Tendenz verriet, jene dynastischen und hierarchischen Zustände zurückzuführen, die ein halbes Jahrhundert hindurch vor den Freiheitskriegen von der großen Mehrheit des deutschen Volkes verabscheut und verhöhnt worden waren. [...] Die mit mir gleichaltrigen Zeitgenossen werden sich noch erinnern, dass schon damals durch Deutschland die Wehklage erscholl: „Die Nation ist betrogen!" Hier liegt, sagten die freisinnigen Staatsmänner meiner Bekanntschaft einstimmig, die stets fortsprudelnde Quelle allen Unheils, welches seit den Freiheitskriegen über Deutschland gekommen ist und noch kommen wird, bis die Zeit zu einer völligen Verwandlung der heillosen Vielfalt und Zerrissenheit in eine nationale Einheit reif ist.

Eilers, Gerd: Meine Wanderungen durchs Leben. Aus: Geschichte in Quellen. Hg. von Lautemann, Wolfgang und Schlenke, Manfred. Bd.5. München 1980, Nr. 61, S. 75 f.

[1] preußische Provinz westlich des Rheins
[2] gemeint ist die französische Hegemonie über Deutschland zur Zeit des Rheinbunds (1806–1813)
[3] gemeint sind die sogenannten Freiheitskriege 1813–1815 gegen die Herrschaft Napoleons
[4] gemeint ist der Wiener Kongress von 1814/15 zur Neuordnung Europas nach dem Sieg über Napoleon

AF716320

M2 „Der Denker-Club"

Anonyme Karikatur, Version von 1829

1. Erläutert die Aussage in M1: „Die Nation ist betrogen."
2. Arbeitet die Hauptforderung der bürgerlichen Bewegung in Deutschland während des Vormärz heraus (M1).
3. Interpretiert die Karikatur M2.
4. Informiert euch mithilfe des Lehrbuchs oder des Internets zu den Begriffen Nationalismus und Liberalismus.

© Wochenschau Verlag

M3 „Wie der Michel die Nachtmütze wegwirft und sich vornimmt ins Freie zu gehen"

Karikatur von Heinrich Wilhelm Storck, 1848

Erläuterung: Michel: nationale Personifikation der Deutschen/gallischer (= französischer) Hahn oben links: Februarrevolution 1848 in Frankreich/erschrockene Vertreter der alten Ordnung (Kleriker, Edelmann, Spießbürger, Büttel) hinten rechts

M4 Leopold Ladenburg über die Vorgänge in Baden, 5. März 1848

Ladenburg (1809–1889) war ein badischer Rechtsanwalt und Volkswirt. Er schrieb in sein Tagebuch:

Eine verhängnisvolle Zeit! Schon hat die Versammlung vom 27. [Februar][1] ihre Früchte getragen. Staatsrat Bekk[2] kündigte am 29. v[origen] M[onats] in der II. Kammer an, dass Pressefreiheit, Geschworenengerichte und Bürgerbewaffnung von der Regierung bewilligt seien. [...] Aber schon genügte dies nicht mehr. [...] Dienstagabend, den 29. war eine große Versammlung im „Badener Hof", in der beschlossen wurde, in Masse nach Karlsruhe[3] zu ziehen. Ähnliches wurde in Heidelberg, Offenburg und anderen Orten beschlossen. Ich war Mittwoch, den 1. März dabei. Etwa 600 von hier, 600 von Heidelberg kamen wir in dreißig Wagen in Karlsruhe an, zogen ins Ständehaus und übergaben unsere Petition. [...] Wir kehrten an diesem Abend zurück und wurden mit Fackeln empfangen. Viele waren zurückgeblieben, um den Ausgang der Debatten vom 2. abzuwarten. Sie brachten die Nachricht von der Annahme von zwölf Punkten [...]. Gestern Abend war hier wieder große Versammlung in der Aula, in welcher mitgeteilt wurde, dass die I. Kammer den zwölf Punkten beigetreten und diese in einer Adresse dem Großherzog vorgelegt worden seien; die Gewährung sollte gestern Abend erfolgen, was wir heute noch hören würden. Unterdessen hat am 2. März Württemberg Pressefreiheit bewilligt. Die Bundesversammlung hat am 3. März beschlossen, allen deutschen Staaten zu gestatten, die Zensur aufzuheben und Pressefreiheit einzuführen. In Hessen, Nassau und in Frankfurt sind ähnliche Volksbewegungen im Gange. Man fordert überall dasselbe mit einigen Modifikationen, je nach den Verhältnissen der einzelnen Länder. Was werden die Bayern, Sachsen, Preußen und Österreicher tun?

Aus: Volksstaat und Einherrschaft. Dokumente aus der badischen Revolution 1848/1849. Hg. von Lautenschlager, Friedrich. Konstanz 1920, S. 37–39

[1] Am 27. Februar 1848 hatte eine Mannheimer Volksversammlung liberale und nationale Kernforderungen an die Landesregierung gerichtet.
[2] Johann Baptist Bekk (1797–1855) war ein liberaler Badener Politiker, der seit 1846 der Regierung angehörte.
[3] Karlsruhe war die Hauptstadt des Großherzogtums Baden, Sitz von Regierung und Ständeversammlung.

copy

© Wochenschau Verlag

Zwei konkurrierende kalendarische Erinnerungsorte markieren die spannungsreiche Rezeptionsgeschichte der Revolution von 1848/49 (siehe auch S. 22 im unterrichtspraktischen Teil). Der eine ist der 18. März 1848, der Tag der Berliner Barrikadenkämpfe. Er wurde erinnerungspolitisch unverzüglich von der organisierten Arbeiterbewegung vereinnahmt und als Bekenntnis zur außerparlamentarischen Demokratie gegen den herrschenden Obrigkeitsstaat zelebriert. Am 18. März jeden Jahres besuchten tausende Arbeiter die Gräber der „Märzgefallenen" in Berlin Friedrichshain, wo Polizisten die Kranzschleifen nach aufrührerischen Parolen kontrollierten und gegebenenfalls entfernten. Am fünfzigsten Jahrestag der Barrikaden brach der Vorsitzende der SPD, August Bebel, im Reichstag an der Tagesordnung vorbei eine heftige Debatte vom Zaun, in der er die damaligen Kämpfer gegen Verunglimpfungen von konservativer Seite in Schutz nahm und zugleich die geschichtsvergessenen Nationalliberalen in Erklärungsnot brachte. Später knüpfte die KPD/SED in der SBZ/DDR zur Legitimierung ihrer Herrschaft an diese Tradition an. Die Feiern zum hundertjährigen Revolutionsgedenken 1948 wurden mit großem Aufwand begangen, und auf Transparenten der FDJ war zu lesen: „Wir sind die Erben von 1848."

Den Kontrapunkt zum 18. März setzt der 18. Mai 1848, der Tag der Eröffnung der Nationalversammlung in der Frankfurter Paulskirche. Er repräsentiert die bürgerlich-parlamentarische Tradition der Revolution, stand aber lange im Schatten des 18. März. Das Scheitern der Volkserhebung hatte die Liberalen zutiefst verunsichert. Als der erstrebte deutsche Nationalstaats dann von Bismarck 1866–1871 „durch Eisen und Blut" verwirklicht wurde, waren viele von ihnen fasziniert, trotz der eklatanten freiheitlichen Defizite. Mit der Gründung der Nationalliberalen Partei schwenkten sie auf einen „realpolitischen" Kurs der Zusammenarbeit mit dem Kanzler ein. Ein allzu deutliches Bekenntnis zur Revolution von 1848/49 war unter diesen Umständen nicht opportun. Erst die Nationalversammlung von Weimar stellte sich 1919 unzweideutig in die Tradition des Paulskirchenparlaments. Eine nachhaltige demokratische Sinnstiftung für die junge Republik gelang aber nicht.

Die Stadt Frankfurt ließ die im Bombenhagel des Zweiten Weltkriegs vollständig ausgebrannte Paulskirche als eines der ersten öffentlichen Gebäude restaurieren. Das große geschichtspolitische Potenzial des Bauwerks blieb viele Jahrzehnte hindurch weitgehend ungenutzt. In jüngerer Zeit häuften sich die Rufe, die Paulskirche als zentralen Ort der deutschen Demokratiegeschichte „zu einer modernen Erinnerungsstätte für die Demokratie zu machen" (Bundespräsident Steinmeier). Anlässlich des Revolutionsjubiläums 2023 soll sie grundsaniert und um ein Demokratiezentrum in unmittelbarer Nähe erweitert werden. Die Verantwortlichen haben sich dafür entschieden, die schlichte, geschichtslose Rekonstruktion der Nachkriegszeit beizubehalten, statt dem Gebäude seine ursprüngliche Gestalt zurückzugeben. Darüber mag man geteilter Meinung sein.

Didaktische und methodische Hinweise zu Material und Unterrichtsverlauf

Das Heft richtet sich grundsätzlich an Lernende beider Sekundarstufen. Der rezeptionsgeschichtlich und erinnerungspolitisch ausgerichtete zweite Teil (S. 18–23) ist besonders für Schüler/innen der Oberstufe geeignet.

Als Einstieg dienen zwei Quellen, welche die Schüler/innen in die epochalen politischen Bewegungskräfte in Deutschland zur Zeit des Vormärz einführen. M1 beleuchtet die nach dem Sieg über Napoleon unerfüllt gebliebenen nationalen Wünsche des Bürgertums und die Karikatur M2 thematisiert die freiheitlich-liberalen Defizite.

Die nachfolgende Doppelseite 4/5 befasst sich mit dem Ausbruch der Revolution im März 1848. Vom gallischen Hahn geweckt, schreitet der deutsche Michel in M3 zur Tat – sehr zum Schrecken der Repräsentanten der alten Ordnung. Die weiteren Quellen dieses Moduls schildern exemplarisch anhand von Baden und Preußen die Spannweite des revolutionären Geschehens in Deutschland. Während im Südwesten die sogenannten Märzforderungen ohne Blutvergießen erfüllt wurden (M4), kam es in Berlin aufgrund eines Missverständnisses zu heftigen Barrikadenkämpfen, woraufhin der preußische König schließlich einlenken musste (M5, M6). Eine arbeitsteilige Erschließung bietet sich an.

Den steinigen Weg zur Frankfurter Nationalversammlung skizziert die Darstellung M7. Sie hebt auch schon auf den folgenschweren Konflikt zwischen den gemäßigten Liberalen und den radikalen Demokraten ab, der den revolutionären Impetus nachhaltig schwächen sollte. Die Karikatur M8 fokussiert diesen Aspekt.

M9 bietet den Schüler/innen kompakte Informationen zu Wahl, Zusammensetzung und Arbeitsweise der Nationalversammlung in Frankfurt. Die zugehörige Grafik M10 illustriert anschaulich die fünf Hauptfraktionen im Paulskirchenparlament, ihre jeweilige politische Programmatik sowie die Größenverhältnisse. Die Lernenden erkennen das strukturelle Übergewicht der liberalen, konsensorientierten Kräfte.

Schon früh zeichnete sich ab, dass ein Konflikt zwischen der Nationalversammlung und den monarchischen Gewalten in der Luft lag, der schließlich über Erfolg oder Misserfolg der Revolution entscheiden sollte. Die von den Parlamentariern eigeninitiativ geschaffene provisorische Regierung für ganz Deutschland (M11) musste sich zwangsläufig mit den Kompetenzen der Partikularstaaten ins Gehege kommen. Würden diese den Vorrang der Zentrale akzeptieren? Mit dem sogenannten Huldigungserlass (vgl. M12) war die Machtfrage gestellt. Nur die kleineren deutschen Staaten fügten sich, während die vier großen die Nationalversammlung brüskierten. Da Letztere über keine eigenen Machtmittel verfügte, musste sie diese Niederlage hinnehmen.

Dass die gemäßigten Fraktionen des Zentrums dem „Vereinbarungsprinzip" anhingen, also den Ausgleich mit den fürstlichen Regierungen suchten, setzte sie heftigen Angriffen seitens der Linken aus: Die Abgeordneten sollten sich entweder zu einem entschlossenen Vorgehen im Interesse des Volkes durchringen oder ihr Mandat niederlegen und beiseitetreten (M13). Die Karikatur M14 greift die Kritik an der Politik der Paulskirchen-Mehrheit auf.

Die vertrackte Frage nach der Ausdehnung des zu schaffenden deutschen Nationalstaats ist das Thema von Seite 10. Die Drei-Komponenten-Karte M15 führt den Schüler/innen die in der Paulskirche und darüber hinaus diskutierten Optionen vor Augen, wobei der dritten, von Österreich lancierten Version nur eine hypothetische Bedeutung zukam. Die Vor- und Nachteile der jeweiligen Lösung können die Lernenden selbst gegeneinander abwägen, bevor sie sich der von der Nationalversammlung tatsächlich gefällten Entscheidung (M16) zuwenden. Die große Mehrheit der Paulskirche bekannte sich zur großdeutschen Lösung, setzte der Regierung in Wien aber zugleich die Pistole „Personalunion" auf die Brust. Der österreichische Ministerpräsident erteilte der Zumutung, das Habsburgerreich zu teilen, eine klare Absage (M17). An der kleindeutschen Lösung führte damit kein Weg mehr vorbei.

Das didaktisch besonders relevante Modul zur Rolle der Frau in der Revolution (S. 11) konzentriert sich auf Möglichkeiten und Grenzen der frühen Frauenbewegung. Das nötige Hintergrundwissen bietet die Darstellung M18. Die nachfolgenden drei Auszüge aus der „Frauen-Zeitung" von 1849 (M19a–M19c) lassen das Selbstbewusstsein der Akteurinnen, aber auch strukturelle Probleme der Bewegung erkennen. Eine Erschließung in Partnerarbeit bietet sich an.

Der entscheidende Umschwung im Verlauf der Revolution wird in Schulgeschichtsbüchern zumeist gar nicht thematisiert. Er ereignete sich bereits im Herbst 1848 und wurde von den Akteuren der Gegenrevolution kühl berechnend in Szene gesetzt. Den Anfang machte Österreich. Nachdem revolutionäre Kräfte Wien erneut unter ihre Kontrolle gebracht hatten, ließ die Regierung die Hauptstadt unter Kriegsrecht stellen (M21) und wie Feindesland erobern. Tausende Tote nahm sie dabei in Kauf. Der beifällige Kommentar eines Anhängers der Reaktion (M22) unterstreicht das Debakel, das die Niederwerfung der Wiener Erhebung für die Frankfurter Nationalversammlung bedeutete.

Preußen zog prompt nach. Auf eine gezielte Provokation gegen die preußische Nationalversammlung hin ließ der König Truppen in die Hauptstadt einrücken, ohne dass es hier zu Blutvergießen kam (M23). Die Entscheidung war gleichwohl gefallen: Das liberale Märzministerium wurde entlassen, die revolutionären Errungenschaften wurden zurückgefahren. Die Karikatur M24 hebt hervor, wie sehr sich die Zeiten gegenüber der Volkserhebung im März 1848 geändert hatten.

Erst als die beiden wichtigsten deutschen Staaten wieder fest in der Hand der monarchischen Kräfte waren, trat die Paulskirchenversammlung mit den Ergebnissen ihrer Beratungen hervor. Die Schüler/innen analysieren und charakterisieren zentrale Elemente des Grundrechte-Katalogs (M25) und vergleichen ihn mit dem der Bundesrepublik. Die Reichsverfassung rezipieren sie im deduktiven Verfahren, ausgehend von einem Schaubild (M26).

Im April 1849 kam die Stunde der Wahrheit: Würde der König von Preußen als führender Repräsentant der monarchischen Kräfte die ihm angebotene Kaiserkrone annehmen und damit die Revolution und das von ihr geschaffene Verfassungswerk legitimieren? In einer aufschlussreichen Stellungnahme verhöhnte Friedrich Wilhelm IV. den „imaginären Reif" (M27). Mit seiner Ablehnung entzog er der Konsenspolitik der Paulskirchenversammlung die Grundlage, was faktisch das Scheitern der Revolution bedeutete.

Nicht alle waren bereit, diese Entwicklung hinzunehmen. Im Zuge der Reichsverfassungskampagne zur Durchsetzung der Paulskirchen-Konstitution kam es in Teilen Deutschlands zu erneuten Volkserhebungen (M29). Truppen der Fürsten, vor allem Preußens, machten mit diesen Aufständen kurzen Prozess (M30). Zum Abschluss des ereignisgeschichtlichen Durchgangs bietet die Zeitleiste M31 einen chronologischen Abriss des Geschehens.

Warum hatte die Revolution keinen unmittelbaren Erfolg? Zur Beschäftigung mit dieser Frage sollen die Lernenden anfangs eigene Thesen entwickeln. Danach rezipieren sie arbeitsteilig vier pointierte Aussagen von Fachhistorikern (M32a–M32d), vergleichen diese mit ihren eigenen Thesen und beurteilen die Valenz der Argumentationen. Der Topos des Scheiterns soll nachfolgend anhand zweier Darstellungen (M33a, M33b) relativiert werden.

Zur Rezeptionsgeschichte der Revolution erhalten die Lernenden drei exemplarische, kontroverse Stellungnahmen aus der Zeit der Weimarer Republik (M35a), der DDR (M35b) und des wiedervereinigten Deutschlands (M35c). Der politisch brisante Charakter des Volksaufstands beherrschte auch die zeitgenössische Gedächtnispolitik. Lokale Denkmalinitiativen zu Ehren der Freiheitskämpfer stießen regelmäßig auf Verbote seitens der Obrigkeiten. Erst die Reichsgründung von 1871 schlug mit der Erfüllung der nationalen Träume eine Brücke zur bürgerlichen Nationalbewegung. So wurde ein Denkmal wie die „Trauernde Germania" (M36) möglich, gleichwohl auf politisch dünnem Eis (M37). Schließlich setzen sich die Schüler/innen mit der Frage auseinander, ob die Revolution mit einem Gedenktag ins öffentliche Bewusstsein gehoben werden sollte – und mit welchem: dem 18. März oder dem 18. Mai (M38, M39).

Der Klausur M40 liegt ein Rückblick des prominenten Zeitzeugen Carl Schurz zugrunde. Seine Einschätzung messen die Lernenden am historischen Geschehen und nehmen sie als Ausgangspunkt für eine eigene Beurteilung.

M5 Die Revolution in Preußen

Aus Tagebuchaufzeichnungen des Schriftstellers und Diplomaten Karl August Varnhagen von Ense (1785–1858).

18. März 1848: Gegen 4 Uhr [nachmittags] plötzlich Lärm: in den Straßen der Ruf: „Waffen! Waffen! Man haut und schießt die Schutzbürger[1] vor dem Schloss zusammen!" [...] Der König sollte eine Deputation[2] von tausend Bürgern empfangen, er kam auf den Balkon, konnte aber nicht sprechen, dankte tief bewegt, empfing tausendfachen Leberuf (um drei Uhr). Inzwischen drängte man die Bürger gegen das Portal, man wehrte den Eintritt, durch Mißverstand hieb Reiterei ein und wurde geschossen. Neuer Kampf, höchste Wut! [...]

Als der Abend eintrat und es dunkelte, wurde der allgemeine Kampf nur umso heftiger und furchtbarer. Das Geschütz donnerte jetzt in geregelter Folge, immerfort das Krachen des stärksten Gewehrfeuers. [...]

19. März 1848: Die „Staatszeitung" kam gestern durch alle Barrikaden glücklich an und brachte eine Proklamation[3] des Königs, die alles bewilligt, deutsches Parlament, deutsche Flotte (!) sogar, konstitutionelle Verfassung! [...]

21. März 1848: Der König ritt heute Mittag durch die Straßen, die drei Farben [= Schwarz, Rot, Gold] trug er selbst, Fahnen wurden ihm vorgetragen, das Volk schrie ihm Hoch! [...] Überall deutsche Fahnen und Kokarden. Proklamation[4] des Königs, daß er sich an die Spitze von Deutschland stelle. [...] „Preußen geht fortan in Deutschland auf." Dies Wort in der königlichen Proklamation ist von ungeheurem Inhalt, ein Schlagwort von zermalmendem Gewicht, das kann ungeheuer wirken!

Varnhagen von Ense, Karl August/Fürst Schwarzenberg, Friedrich: Europäische Zeitenwende, Tagebücher 1835–1860. Hg. von Schondorff, Joachim. München 1960, S. 223 f.

[1] Einwohner ohne (volles) Bürgerrecht, der einen weiter gehenden rechtlichen Schutz genießt als Fremde bzw. Ausländer
[2] Abordnung, die einer politischen Körperschaft im Auftrag einer Versammlung Wünsche oder Forderungen überbringt
[3] öffentliche (amtliche) Erklärung; feierliche Verkündigung
[4] Proklamation „An meine lieben Berliner" vom 18. März 1848

M6 Angriff auf die Barrikade am Alexanderplatz am 18. März 1848

Kampf um die große Barrikade, Lithografie von A. Klaus, 1848

1. Interpretiert die Karikatur M3.
2. Beschreibt den Beginn der Revolution in Südwestdeutschland (M4).
3. Beurteilt Charakter und Tragweite dieser Revolution (M4).
4. Fasst die revolutionären Ereignisse in Berlin zusammen (M5).
5. Vergleicht das Geschehen in Preußen (M5) mit dem in Südwestdeutschland (M4).
6. Beschreibt die Vorgänge in M6.

© Wochenschau Verlag

M7 Der Weg zur Nationalversammlung

Am 5. März, über Sieg oder Niederlage der Erhebung war noch keineswegs entschieden, trafen sich in Heidelberg 51 führende Vertreter der liberalen und demokratischen Bewegung vornehmlich Südwestdeutschlands. Sie knüpften an ihre enge Zusammenarbeit und zahlreiche Treffen in der Zeit der gemeinsamen Opposition an. Auf dieses Engagement konnten sie auch ihren selbstgesetzten Anspruch gründen, in der Stunde des Umbruchs, obwohl formal betrachtet ohne Mandat, für die sich bildende Nation zu sprechen. In der Frage der künftigen Staatsgestaltung trat in Heidelberg sogleich der grundlegende Dissens zwischen den radikalen Republikanern um Friedrich Hecker und Gustav von Struve und der liberalen Mehrheit mit Gagern und Bassermann an der Spitze, die sich entschieden für die Beibehaltung der Monarchie einsetzte. Einig waren sich beide Richtungen jedoch darin, den Prozess der Nationsgründung nicht den Regierungen und den Bundesorganen zu überlassen, sondern eine zweite, repräsentativere Versammlung nach Frankfurt am Main einzuberufen. Ein siebenköpfiger Ausschuss sollte das Zusammentreten dieses „Vorparlaments“ konkret vorbereiten.

Seiner Einladung, gerichtet vor allem an „alle früheren oder gegenwärtigen Ständemitglieder“, folgten 574 Abgeordnete, die sich am 31. März zunächst im Kaisersaal des Römer und anschließend in der eilends als Tagungsstätte hergerichteten Kirche der evangelischen Paulsgemeinde versammelten. [...]

[Auf eine Radikalisierung] zielte die Strategie der äußersten Linken. Ihr Sprecher, der Mannheimer Rechtsanwalt Gustav von Struve, trat in der Paulskirche sogleich mit einem Antrag vor die Versammlung, der den Bruch mit der bestehenden Ordnung und das zügige Voranschreiten der Revolution forderte. Die Monarchie sollte abgeschafft werden, an ihre Stelle eine parlamentarisch verfasste und föderativ gegliederte Republik nach nordamerikanischem Muster treten. [...]

Die Mehrheitsverhältnisse im Vorparlament waren ganz zugunsten der Liberalen. Mit 356 gegen 142 Stimmen wurde am zweiten Tag der Beratungen ein erneuter Antrag der Linken abgelehnt, die Versammlung möge sich für permanent erklären. Doch hatte man sich zu diesem Zeitpunkt längst darauf verständigt, allen inhaltlichen Debatten um die künftige Verfassung aus dem Weg zu gehen und diese allein der gewählten Nationalvertretung zu überlassen.

Hein, Dieter: Die Revolution von 1848/49. München [4]2007, S. 33–36

M8 „Volkswille“ – Demokrat und Liberaler

Fliegende Blätter, Juli 1848

copy

© Wochenschau Verlag

M9 Die Frankfurter Nationalversammlung

Wahl: Die Wahlen zur Nationalversammlung wurden von den deutschen Einzelstaaten nach dem Mehrheitswahlrecht organisiert. Sie fanden zwischen April und Anfang Mai 1848 statt. Auf je 50.000 Einwohner kam ein Mandat, sodass das Parlament 585 Abgeordnete umfasste. Wahlberechtigt waren alle selbstständigen, volljährigen und männlichen Bürger eines Staates des Deutschen Bundes, Schleswigs, Posens sowie Ost- und Westpreußens. Da das deutsche Parteiensystem noch unterentwickelt war, setzten sich in fast allen Wahlkreisen bekannte Einzelpersönlichkeiten durch.

Berufliche und soziale Zusammensetzung: Mehr als die Hälfte der Abgeordneten (58,5 Prozent) waren im Staatsdienst tätig, vornehmlich als Verwaltungs- oder Justizbeamte oder als Professoren. Freiberufliche Akademiker, z. B. Rechtsanwälte und Publizisten, machten 22,6 Prozent der Abgeordneten aus. Aus den Sektoren Industrie, Handel und Landwirtschaft stammten 12,6 Prozent der Volksvertreter, darunter nur vier Handwerker, drei Bauern und kein einziger Arbeiter.

Arbeitsweise: Tagungsort war die Paulskirche, die der Nationalversammlung von der evangelischen Gemeinde Frankfurts zur Verfügung gestellt und hastig umgebaut worden war. Die Empore bot Platz für ca. 2.000 Zuschauer/innen. Da es keine Büros und Tagungsräume für die Abgeordneten gab, trafen diese sich in Frankfurter Gaststätten und Hotels, deren Namen die verschiedenen politischen Fraktionen bezeichneten. Präsidenten der Nationalversammlung waren Heinrich von Gagern (Mai 1848 bis Dezember 1848) und Eduard Simson (Dezember 1848 bis Mai 1849), die beide der Fraktion Casino angehörten.

Autorentext

M10 Politische Lager in der Frankfurter Nationalversammlung

Fraktion	ungefähre Stärke in %	Versammlungsort	Zentrale Positionen
Extreme Linke	7	Donnersberg	Republik, absolute Gleichheit, gewaltbereit
Gemäßigte Linke	8	Deutscher Hof	Republik, allgemeines, gleiches und direktes Wahlrecht, Ablehnung von Gewalt
Linkes Zentrum	13	Württemberger Hof, Westendhall	Parlamentarische Monarchie, starke Volksvertretung, bundesstaatliche Verfassung
Rechtes Zentrum	34	Casino, Landsberg, Augsburger Hof	Zensuswahlrecht, Übereinkunft mit den Fürsten, konstitutionelle Monarchie
Rechte	6	Café Milani	Machterhalt der Fürsten, keine Parlamentskontrolle der Regierung, Einzelstaaten
Fraktionslose	32		

Nach Spiegel Geschichte 3/2014, S. 86

1. Skizziert den Weg zur Nationalversammlung (M7).
2. Stellt die Positionen der gemäßigten Liberalen und der radikalen Demokraten einander gegenüber (M7).
3. Interpretiert die Karikatur M8 im Kontext von M7.
4. Verfasst eine fiktive Rede eines Demokraten oder eines Liberalen, in der ihr dessen Position begründet.
5. Vergleicht die Frankfurter Nationalversammlung (M9) mit Parlamenten unserer Tage, beispielsweise dem deutschen Bundestag.
6. Arbeitet das Stärkeverhältnis zwischen radikalen Demokraten und gemäßigten Liberalen in der Nationalversammlung heraus (M9, M10).
7. Diskutiert mögliche „Koalitionsbildungen" zwischen den Fraktionen der Nationalversammlung (M9, M10).

Copy

© Wochenschau Verlag

M11 Eine Regierung für ganz Deutschland

Die Nationalversammlung ging über ihre eigentliche Aufgabe, eine Verfassung für ganz Deutschland zu erarbeiten, hinaus. Am 28. Juni 1848 beschloss sie das folgende Gesetz.

1) Bis zur definitiven Begründung einer Regierungsgewalt für Deutschland soll eine provisorische [= vorläufige] Zentralgewalt für alle gemeinsamen Angelegenheiten der deutschen Nation bestellt werden.
2) Dieselbe hat
   a) die vollziehende Gewalt zu üben in allen Angelegenheiten, welche die allgemeine Sicherheit und Wohlfahrt des deutschen Bundesstaates betreffen;
   b) die Oberleitung der gesamten bewaffneten Macht zu übernehmen, und namentlich die Oberbefehlshaber derselben zu ernennen;
   c) die völkerrechtliche und handelspolitische Vertretung Deutschlands auszuüben, und zu diesem Ende Gesandte und Konsuln zu ernennen. [...]
4) Über Krieg und Frieden und über Verträge mit auswärtigen Mächten beschließt die Zentralgewalt im Einverständnis mit der Nationalversammlung.
5) Die provisorische Zentralgewalt wird einem Reichsverweser übertragen, welcher von der Nationalversammlung gewählt wird.
6) Der Reichsverweser übt seine Gewalt durch von ihm ernannte, der Nationalversammlung verantwortliche Minister aus. [...]
7) Der Reichsverweser ist unverantwortlich. [...]
13) Mit dem Eintritt der Wirksamkeit der provisorischen Zentralgewalt hört das Bestehen des Bundestages auf.
14) Die Zentralgewalt hat sich in Beziehung auf die Vollziehungsmaßregeln, soweit tunlich, mit den Bevollmächtigten der Landesregierungen ins Einvernehmen zu setzen.

M12 Der Konflikt mit den Partikularstaaten

Zur Lage der provisorischen Reichsregierung führt ein Historiker aus:

Die neue Reichsgewalt konnte sich auf die Autorität der Paulskirche und den Konsens der Deutschen stützen, aber sie hatte keine reale Macht: kein Geld und wenig Kredit, keine Büros, kein Papier, keine Sekretäre und erst recht keine nachgeordneten Behörden im Land. Und sie hatte natürlich kein Heer [...]. Zur Durchsetzung ihrer Politik war sie auf den guten Willen der Einzelstaaten (und auch auf ihre Finanzbeiträge) angewiesen. Und der war nur von Fall zu Fall vorhanden, oder er war es auch nicht. Die Revolution drohte, zu ihren anderen Schwierigkeiten, am Problem des Föderalismus, dem Verhältnis von Zentrale und Partikularstaaten aufzulaufen.

Das wurde gleich am Anfang schon deutlich. Der neue Kriegsminister, von Peucker, ein preußischer General immerhin, war zwar durchaus zur Kooperation mit den Regierungen bereit, aber zuerst forderte er doch, dass alle Truppen dem Reichsverweser „huldigten" und die Reichsfarben [= schwarz-rot-gold] anlegen sollten; das war ein symbolischer Akt, mit dem die Armeen, Kern der monarchischen und partikularen Macht, zu Teilen einer „Reichsarmee" deklariert worden wären. Die kleinen Staaten nahmen das an, aber Preußen und Österreich, Bayern und Hannover haben sich verweigert. [...] Tiefe Enttäuschung schließlich löste es aus, dass die Zentralgewalt von den außerdeutschen Mächten, mit Ausnahme der USA, nicht diplomatisch anerkannt wurde.

Die Paulskirche hatte mit der Regierung eine Instanz geschaffen, die auf eine breite moralische Autorität gestützt ein Faktor im politischen Prozess dieses Jahres war, die Mehrheitsmeinung nach außen, in Verhandlungen und Deklarationen, dezidiert vertrat. Aber von der Macht hat sie so nur mühsam Fragmente gewonnen. Die Linke hat die Ohnmacht dieser Regierung, ihrer Minister und des Parlaments weidliche kritisiert und verspottet. Aber diese Schwäche war nicht schuld der Regierung. Ihr Gewicht hing von der moralischen Autorität der Paulskirche und der relativen Schwäche der alten Gewalten ab.

Nipperdey, Thomas: Deutsche Geschichte 1800–1866. Bürgerwelt und starker Staat. München 1983, S. 614 f.

1. Beschreibt Konstruktion und Aufgaben der provisorischen Zentralgewalt (M11).
2. Diskutiert mögliche Schwierigkeiten bei der Umsetzung dieses Gesetzes.
3. Gebt die Kernthese von M12 wieder.
4. Erörtert, ob und wie die Nationalversammlung das in M12 aufgezeigte Problem hätte lösen können.

copy

© Wochenschau Verlag

M13 Friedrich Hecker: Mit den Fürsten verhandeln?

Hecker (1811–1881) war ein radikaler Demokrat, der im April 1848 in Baden einen gescheiterten Aufstand („Heckerzug") unternommen hatte. Dieses Flugblatt wurde Anfang Juni 1848 in der Nationalversammlung in Frankfurt verteilt.

Ein verzerrteres Bild vollständiger Ratlosigkeit und planlosen Umhertappens, als Deutschland gegenwärtig darbietet, kann es nicht geben, und dennoch liegen so gewaltige Kräfte offen zur Hand, um unser Volk zu einem fruchtbaren Volkskörper zu gestalten; aber niemand wagt es, die deutsche Revolution mit den Mitteln der Revolution zur Gestaltung zu bringen; nutzlos lodert die energische Volkskraft in einzelnen Demonstrationen auf; die Partei, welche sich anmaßt, die Majorität zu vertreten[1], führt Land und Volk dem Verderben zu [...].

Jene Partei will mit Fürsten auf dem Wege der Unterhandlung einen Volksstaat schaffen. [...]

Volksrepräsentanten, begreift ihr, dass ein Volk nicht zu unterhandeln braucht, wo es handeln muss? Volksrepräsentanten zu Frankfurt a. M. zerreißt das Papier der Unterhandlung mit der Monarchie und werdet selbst die lebendige Volkstat! Rufet dem Volke, das euch gesendet hat, zu: Hannibal steht vor den Toren![2] Ruft ihm zu, dass es gilt, ein Volk oder Knecht. Erhebt euch, Bürgerrepräsentanten, zu dem Stolz und der Vollkraft, die in jedem wohnen muss, der reden und handeln soll für fünfzig Tausende[3], für vierzig Millionen! Sprecht es auch, das große Wort: Deutsche Republik, deutscher Volksstaat! [...]

Und habt ihr in der Mehrzahl nicht den Mut und die Kraft, nicht die Entschlossenheit, das Schiff zu steuern durch den Sturm, so legt euer Mandat nieder in die Hände kühnerer Männer, oder du gedrücktes Volk, das hinsiechen[4] soll in Reden und Tatlosigkeit, rufe du ihnen zu, ihre Vollmacht zurückzugeben in deine Hand, damit du Männer senden könntest, die nicht unterhandeln mit den Fürsten, sondern handeln in deinem Namen, im Namen des souveränen Volkes.

Aus: Die Revolution von 1848/49. Eine Dokumentation. Hg. von Grab, Walter. Stuttgart 1998, Nr. 27, S. 84–88.

[1] gemeint sind die gemäßigten Liberalen, insbesondere die Fraktion „Casino"
[2] Geflügeltes Wort aus der Zeit des Zweiten Punischen Krieges Roms gegen Karthago (218–201 v. Chr.): Gemeint ist eine existenzielle Bedrohung, die hier (so der Autor) von den deutschen Fürsten ausgeht, die er mit dem Aggressor Hannibal vergleicht.
[3] jeder Abgeordnete vertrat ca. 50.000 Wahlbürger
[4] an einer langwierigen, schwächenden Erkrankung leidend

M14 „Frühjahr/Sommer/Spätjahr"

Anonymer Holzstich, 1848

1. Gebt wieder, wie der Autor von M13 Arbeit und Einstellung der liberalen Parlamentsmehrheit beurteilt und wozu er aufruft.
2. Ordnet die Warnung „Hannibal steht vor den Toren!" (M13) der Karikatur M14 zu.
3. Verfasst eine fiktive Antwort auf M13 aus der Sicht eines gemäßigten Liberalen.

© Wochenschau Verlag

M15 Wo sollen die Grenzen Deutschlands verlaufen?

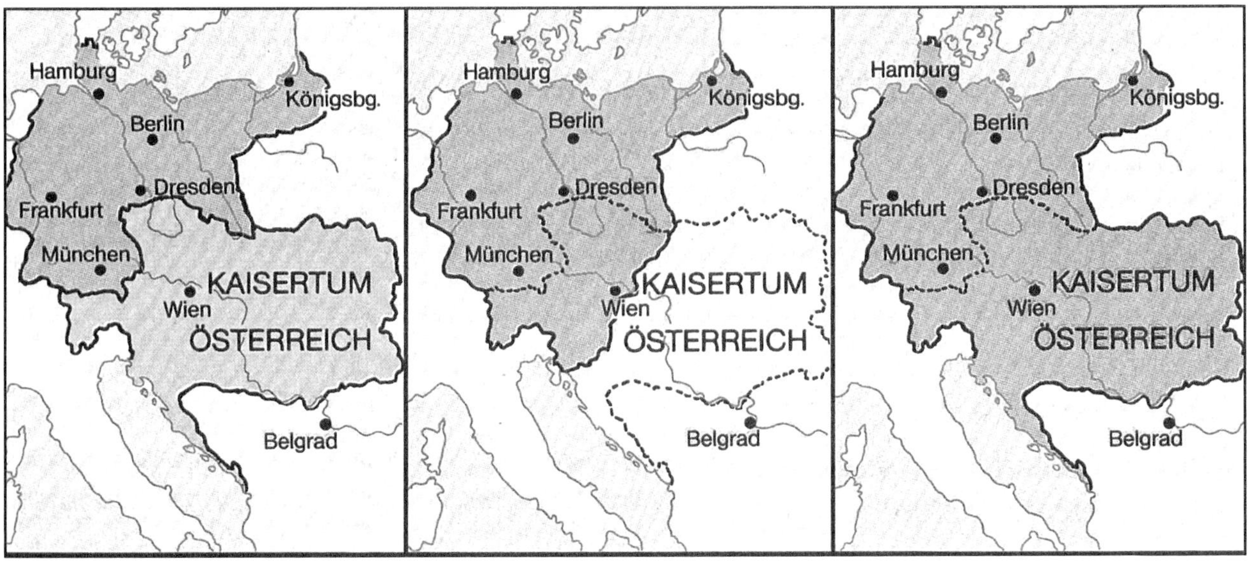

Von der Französischen Revolution bis zum Nationalsozialismus. Buchners Kolleg Geschichte. Bamberg [2]2010, S. 79

M16 Die Entscheidung der Nationalversammlung

Ende Oktober 1848 nahm das Paulskirchenparlament mit großer Mehrheit die ersten Artikel der Reichsverfassung an, die das Staatsgebiet betreffen.

§ 1. Das deutsche Reich besteht aus dem Gebiet des bisherigen deutschen Bundes. [...]
§ 2. Kein Teil des deutschen Reiches darf mit nichtdeutschen Ländern zu einem Staate vereinigt sein.
§ 3. Hat ein deutsches Land mit einem nichtdeutschen Lande dasselbe Staatsoberhaupt, so ist das Verhältnis zwischen beiden Ländern nach den Grundsätzen der reinen Personalunion[1] zu ordnen.

[1] Ausübung verschiedener, nicht miteinander verbundener Ämter durch dieselbe Person

M17 Rede des österreichischen Ministerpräsidenten vor dem Reichstag, 27. November 1848

Das große Werk, welches uns im Einverständnisse mit den Völkern obliegt, ist die Begründung eines neuen Bandes, das alle Lande und Stämme der Monarchie zu einem großen Staatskörper vereinigen soll. Dieser Standpunkt zeigt zugleich den Weg, den das Ministerium in der deutschen Frage verfolgen wird. Nicht in dem Zerreißen der Monarchie liegt die Größe, nicht in ihrer Schwächung die Kräftigung Deutschlands. Österreichs Fortbestehen in staatlicher Einheit ist ein deutsches wie europäisches Bedürfnis. Von dieser Überzeugung durchdrungen, sehen wir der natürlichen Entwicklung des noch nicht vollendeten Umgestaltungsprozesses entgegen.

Aus: Dokumente zur deutschen Verfassungsgeschichte. Bd.1: Deutsche Verfassungsdokumente 1803–1850. Hg. von Huber, Ernst Rudolf. Stuttgart 1961, S. 291

1. Diskutiert Vor- und Nachteile der drei möglichen Optionen für das Territorium des Deutschen Reiches (M15).
2. Arbeitet heraus, für welche Lösung sich die Nationalversammlung entschied und was dies für Österreich bedeutete (M16).
3. Gebt wieder, wie die österreichische Regierung auf diese Entscheidung reagierte (M17).
4. Erörtert die Folgen der Entscheidung in M17 für das zu schaffende Deutsche Reich.

copy

© Wochenschau Verlag

M18 Frauen in der Revolution – Möglichkeiten und Grenzen

Frauen hatten zur Zeit der Revolution noch keine politischen Rechte. Ihre Rolle beschreibt ein Historiker:

Angesichts der Beschränkungen, denen weibliches Handeln unterworfen war, taten Frauen „das Ihrige" für die Revolution. Diese Partizipation bestand zum einen aus der demonstrativen, öffentlichen Teilnahme von Frauen [als Zuschauerinnen] an politischen Versammlungen. In der Paulskirche waren 200 Sitze für Frauen reserviert [...].

[Frauen] hatten einen festen Platz im Revolutionszeremoniell: Ehrenjungfrauen – oft in weißen Kleidern mit schwarz-rot-goldenen Schärpen – schritten bei Umzügen mit; bei Fahnenweihen überreichten Frauen Bürgerwehreinheiten selbstgestickte Banner. [...] Dies entsprach einem allgemeinen Muster, demzufolge Frauen vor allem in Weisen aktiv wurden, mit denen sie durch eine lange Wohltätigkeitstradition vertraut waren: Handarbeiten, Geldsammlungen und Schmuckgaben. Indem sie politische Veranstaltungen besuchten, Vereine gründeten und ihre Fähigkeiten in den Dienst der nationalen Sache stellten, wurden Frauen zu einem aktiven Bestandteil der bisher Männern vorbehaltenen politischen Öffentlichkeit. Da trotz einiger Einzelstimmen noch keine breite Bewegung zugunsten der rechtlichen Gleichstellung von Frauen in Gang kam, lag hierin die herausragende Bedeutung der Revolutionsperiode für die deutschen Frauen.

Müller, Frank Lorenz: Die Revolution von 1848/49. Darmstadt ^{4}2012, S. 84 f.

M19 Aus der „Frauen-Zeitung"

a) Die Begründerin der Frauen-Zeitung (1849/50), Louise Otto-Peters (1819–1895), schreibt in der ersten Nummer am 21. April 1849:

Und nun lasst uns einmal fragen, wie viele Männer gibt es denn welche, wenn sie durchdrungen sind von dem Gedanken, für die Freiheit zu leben und zu sterben, diese eben für alles Volk und alle Menschen erkämpfen wollen? Sie antworten gar leicht zu Tausenden mit Ja! Aber sie denken bei all ihren endlichen Bestrebungen nur an eine Hälfte des Menschengeschlechts – nur an die Männer. Wo sie das Volk meinen, da zählen die Frauen nicht mit.
Aber die Freiheit ist unteilbar! Also freie Männer dürfen keine Sklaven neben sich dulden – also auch keine Sklavinnen. Wir müssen den redlichen Willen oder die Geisteskräfte aller Freiheitskämpfe infrage stellen, welche nur die Rechte der Männer, aber nicht zugleich auch die der Frauen vertreten.

b) Aus einem anonymen, mit „Emilie" gezeichneten Leserinnenbrief in Nr. 10 der Zeitung, 23. Juni 1849:

Hier in Leipzig sieht es für ein Mädchen, das die Freiheit leibt, sehr traurig aus. Ich habe die Frauen hier kennengelernt von den niedrigsten Klassen bis zu den reichen Bourgeois[1]-Frauen hinauf – aber ich habe, wenige rühmliche Ausnahmen abgerechnet, dieselben für die heilige Sache der Freiheit zum Erschrecken gleichgültig gefunden – und zwar die sogenannt Gebildeten am gleichgültigsten [...]. Die politischen Vereine und Feste besuchen fast nur Frauen der niederen Stände.

c) In einem Leserinnenbrief in Nr. 20 der Zeitung vom 1. September 1849 schreibt „Georgine" aus Dresden:

[S]ollte hier wirklich ein Frauen-Klub zustande gebracht werden, so müssten die Unternehmerinnen hauptsachlich darauf bedacht sein, das Zweikammer-System einzuführen, denn den Frauen und Mädchen unserer Bourgeoisie verursacht schon die Idee, neben Proletarierinnen[2] sitzen zu müssen, gelinde Schauer, und dieser Gedanke wäre schon hinreichend, sie von der Teilnahme an einem solchen Unternehmen abzuhalten.

Aus: „Dem Reich der Freiheit werb' ich Bürgerinnen." Die Frauen-Zeitung von Louise Otto. Hg. v. Gerhard, Ute u. a. Frankfurt/M. 1980, S. 41, S. 96. und S. 139

[1] Begriff aus der marxistischen Lehre für die herrschende Klasse der kapitalistischen Gesellschaft, die im Besitz der Produktionsmittel ist
[2] Begriff aus der marxistischen Lehre für die Klasse der abhängig Beschäftigten (die keine eigenen Produktionsmittel besitzen)

1. Gebt Möglichkeiten und Grenzen der Teilnahme von Frauen am revolutionären Geschehen wieder (M18). Beurteilt diese Situation.
2. Arbeitet Forderungen und Hindernisse der frühen Frauenbewegung heraus, die in der Frauen-Zeitung fassbar werden (M19a–M19c).
3. „Die Revolution von 1848/49 – ein Meilenstein für die Frauenbewegung." Diskutiert diese These.
4. Recherchiert im Internet zur weiteren Entwicklung der Frauenbewegung im 19. Jahrhundert.

© Wochenschau Verlag

M20 Die Gegenrevolution in Österreich

Im Oktober 1848 wurden österreichische Truppen in Marsch gesetzt, um einen erneuten Aufstand in Ungarn niederzuschlagen. Aus der Gehorsamsverweigerung eines Wiener Regiments entwickelte sich eine zweite revolutionäre Welle, und schon bald hatten die Aufständischen die Hauptstadt unter ihrer Kontrolle. Kaisertreue Truppen rückten auf Wien vor. Deren Befehlshaber, General Windischgrätz, forderte die revolutionäre städtische Regierung ultimativ zur Kapitulation auf.

Autorentext

M21 An die Bewohner Wiens!

Der Wiener Demokratische Verein richtete am 23. Oktober 1848 einen Aufruf an die Bevölkerung der Stadt.

Vierzehn Tag sind vergangen in fruchtlosen Verhandlungen, in Versuchen der Versöhnung, die zu keinem Ziel führten. Wir haben nichts verlangt als unser Recht, nichts als Gewährleistung für die Freiheit, die wir mit unserem edelsten Herzblute errungen haben. [...]

Bewohner von Wien! Die Maske ist gefallen, wir wissen nun, woran wir sind. Nicht nur das Verderben unserer Stadt ist beschlossen, sondern die Zurückführung des alten Zustandes durch das Mittel des Militär-Despotismus[1]. [...] Der Stadt, wo die gesetzliche Landesvertretung friedlich tagt, wo alle Behörden in ungestörter Tätigkeit sind, erklärt ein roher Soldat[2] den Kriegs- und Belagerungszustand[3], ohne dazu auf irgendeine konstitutionell-gesetzliche Weise berechtigt und beauftrag zu sein. [...]

Bewohner von Wien! Der Reichstag hat dieses verbrecherische Treiben bereits für ungesetzlich erklärt; er hätte es für hochverräterisch erklären sollen! Stimmen wir ihm einmütig zu. Aber enthüllt sei auch die verruchte Lüge vor der ganzen Welt, auf dass, wenn der Vernichtungskampf beginnt, den man gewaltsam hervorruft, die Völker Europas wissen, wo das Recht und wo das Unrecht ist.

Aus: Flugblätter der Revolution. Eine Flugblattsammlung zur Geschichte der Revolution von 1848/49 in Deutschland. Hg. von Obermann, Karl. München 1972, Nr. 94, S. 205 f.

[1] Gewaltherrschaft, unumschränkte Herrschergewalt
[2] gemeint ist General Windischgrätz
[3] staatlich verhängter Ausnahmezustand, bei dem die Bürgerrechte weitgehend durch Kriegsrecht o. Ä. eingeschränkt werden

M22 Sieg der Reaktion in Österreich

Der konservative Diplomat Karl Friedrich Vitzthum von Eckstädt (1819–1895) schreibt seinem Onkel nach der Eroberung Wiens durch die kaiserlichen Truppen am 10. November 1848:

Österreichs Macht, welche unsere Demagogen[1] verspotteten, hat sich in einem unerwartet glänzenden Lichte gezeigt. Wir waren vierzehn Tage ohne Regierung, ohne Kriegsminister, in einer terrorisierten, vom Mob geknechteten Hauptstadt, genossen dabei eines Reichstags, der sich darin gefiel, die Revolution zu organisieren; und dennoch haben diese vierzehn Tage den kaiserlichen Heerführern genügt, neunzigtausend Mann um das empörte Wien zu konzentrieren. Drei Tage reichten dann hin, die von hunderttausend Bewaffneten und zahlreichen Geschützen verteidigte Stadt zu unterwerfen [...].

Angesichts solcher Tatsachen kann man sich freilich des Lächelns nicht erwehren, wenn man hört, wie die Frankfurter Professorenweisheit die Auflösung des Kaiserstaates zu dekretieren sich nicht entblödet.[2] [...]. Die Frankfurter Versammlung ist au bout de son latin[3]. Jetzt kommen Taten an die Tagesordnung; der Worte sind genug gewechselt.

Aus: Geschichte in Quellen. Bd.5: Das bürgerliche Zeitalter 1815–1914. Hg. von Lautemann, Wolfgang und Schlenke, Manfred. München 1980, Nr. 159, S. 200.

[1] Volksverführer
[2] Vgl. M16.
[3] französisch: am Ende ihres Lateins
[5] Nach Olmütz in Böhmen hatte sich der kaiserliche Hof beim Ausbruch der zweiten Revolutionswelle zurückgezogen.

1. Vergleicht das Verhalten der österreichischen Regierung im Herbst 1848 mit der Situation im März des gleichen Jahres (M20; vgl. M.4).
2. Gebt wieder, wie der Demokratische Verein die Lage in Wien einschätzt (M21).
3. Vergleicht die Lagebeurteilung in M21 mit derjenigen in M22.

copy

© Wochenschau Verlag

M23 Die Reaktion in Preußen

Auch in der zweiten deutschen Großmacht machten die konservativ-monarchischen Kräfte mobil. Als die Regierung die preußische Nationalversammlung von Berlin in eine Provinzstadt verlegen wollte, weigerte diese sich, den Befehl zu befolgen. Der Diplomat Karl August Varnhagen von Ense (1785–1858) beschreibt in seinem Tagebuch, was dann geschah.

9. November 1848. Nachricht, dass der Staatsstreich[1] geschehen. Man erwartete schon zu Mittag den Anmarsch der Truppen, dann zum Abend. Man begreift die Zögerung nicht. Vielleicht kommen sie in der Nacht, und ich bin ganz gefasst darauf, dass morgen Berlin mit Truppen überschwemmt und in Belagerungszustand erklärt ist. [...]

[10. November 1848.] Statt um 12 Uhr mittags, wie es angesagt war, kamen die Truppen erst nach 4 Uhr in die Stadt, von allen Seiten zugleich. Die Truppen sind unter tiefem Schweigen des Volks eingezogen [...].

12. November. [D]ie deutsche Freiheit ist überall schwer getroffen; sie scheint völlig verloren; Österreich, Preußen und die Zentralgewalt wetteifern in rohen und tückischen Schlägen, und alles gelingt ihnen. Wien, Frankfurt, Berlin endlich – geknechtet; unsere Lage sieht wirklich verzweifelt aus. Worauf sollen wir rechnen? Unsere Nationalversammlung, versprengt, verfolgt, haucht ihre letzte Glut in ohnmächtigen Seufzern aus; der Belagerungszustand nimmt uns alle Waffen, unterdrückt alles politische Leben; die Presse, die Rede verstummt; die Reaktion, im Besitz aller Vorteile, wird sie schonungslos gelten machen. Gegen die Heeresmacht ist kein Widerstand möglich; auf ihren Abfall ist in keiner Weise zu rechnen [...]; die Nationalversammlung wird keinen Bürgerkrieg entzünden, sondern auslöschen wie ein Licht [...].

Varnhagen von Ense, Karl August/Fürst Schwarzenberg, Friedrich: Europäische Zeitenwende, Tagebücher 1835–1860. Hg. von Schondorff, Joachim. München 1960, S. 223 f.

[1] gewaltsamer Umsturz durch Träger hoher staatlicher Funktionen; gemeint ist hier der Einsatz von Truppen durch den preußischen König

M24 Andere Zeiten – andere Sitten!

Anonyme Karikatur; erschienen am 26. Februar 1849 in der satirischen Zeitschrift „Deutsche Bremse" als Beiblatt zum Leipziger „Leuchtturm"

Erläuterungen: Am 22. März 1848 zog ein Trauerzug mit den 183 gefallenen Barrikadenkämpfern am Stadtschloss vorbei zum Deutschen Dom. Am 26. Februar 1849 wurde der neugewählte Preußische Landtag in Berlin vom König eröffnet. In der Mitte beider Bilder: der preußische König, Friedrich Wilhelm IV.

1. Vergleicht die Vorgänge in Berlin (M23) mit denen in Wien (M20–M22).
2. Arbeitet die von Verfasser genannten Gründe für den Erfolg der Reaktion heraus (M23).
3. Verfasst einen fiktiven Tagebucheintrag des preußischen Königs von 10. November 1848.
4. Interpretiert die Karikatur M24.

© Wochenschau Verlag

M25 Die Grundrechte des deutschen Volkes (Auszug)

Nach langwierigen Debatten beschloss die Nationalversammlung den Grundrechtekatalog Ende Dezember 1848.

§ 137 Vor dem Gesetz gilt kein Unterschied der Stände. Der Adel als Stand ist aufgehoben. Alle Standesvorrechte sind abgeschafft. Die Deutschen sind vor dem Gesetz gleich. [...]

§ 138 Die Freiheit der Person ist unverletzlich. Die Verhaftung einer Person soll, außer im Falle der Ergreifung auf frischer Tat, nur geschehen in Kraft eines richterlichen, mit Gründen versehenen Befehls. [...]

§ 140 Die Wohnung ist unverletzlich. [...]

§ 143 Jeder Deutsche hat das Recht, durch Wort, Schrift, Druck und bildliche Darstellung seine Meinung frei zu äußern.

§ 144 Jeder Deutsche hat volle Glaubens- und Gewissensfreiheit.

§ 152 Die Wissenschaft und ihre Lehre ist frei.

§ 158 Es steht einem jeden frei, seinen Beruf zu wählen und sich für denselben auszubilden, wie und wo er will.

§ 159 Jeder Deutsche hat das Recht, sich mit Bitten und Beschwerden schriftlich an die Behörden, an die Volksvertretungen und an den Reichstag zu wenden. [...]

§ 161 Die Deutschen haben das Recht, sich friedlich und ohne Waffen zu versammeln; einer [...] Erlaubnis bedarf es [...]nicht.

§ 162 Die Deutschen haben das Recht, Vereine zu bilden. [...]

§ 164 Das Eigentum ist unverletzlich. Eine Enteignung kann nur aus Rücksichten des gemeinen Besten, nur aufgrund eines Gesetzes und gegen gerechte Entschädigung vorgenommen werden. [...]

M26 Reichsverfassung von 1849

Die Reichsverfassung wurde am 28. März 1849 von der Nationalversammlung beschlossen.

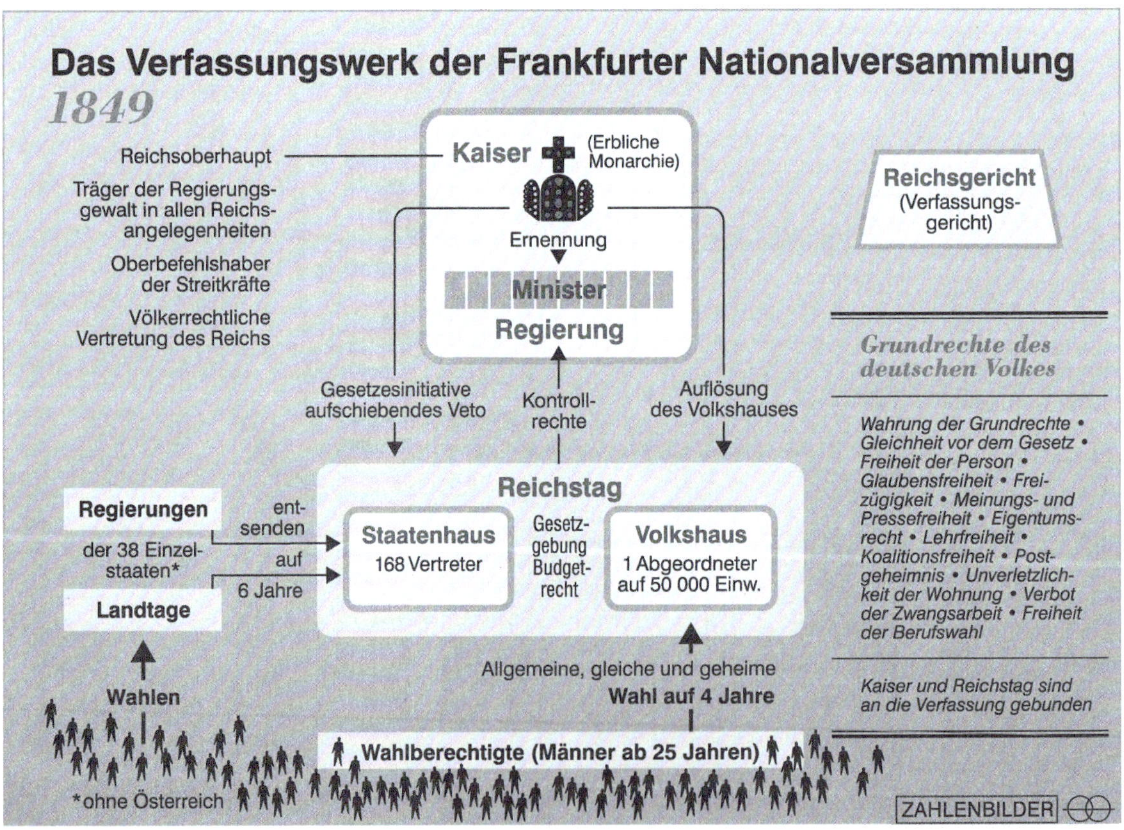

Zahlenbilder, Bergmoser + Höller Verlag AG, 51274

1. Fasst die Grundrechte jeweils in möglichst nur einem Wort zusammen (M25).
2. Vergleicht die Grundrechte von 1848 mit denen der Verfassung der Bundesrepublik Deutschland von 1949.
3. Beschreibt die Ausgestaltung der Verfassung, speziell das Verhältnis von Legislative und Exekutive (M26).
4. Beurteilt diese Machtverteilung unter Bezugnahme auf mögliche Ursachen.

copy

M27 Annehmen oder ablehnen? Die Kaiserfrage und der König von Preußen

Unmittelbar nach der Annahme der Reichsverfassung wählte die Nationalversammlung am 27. März 1849 den König von Preußen zum deutschen Kaiser. Dieser hatte zu dem Thema schon am 13. Dezember 1848 gegenüber einem Diplomaten Position bezogen:

Ich will weder der Fürsten Zustimmung zu *der* Wahl noch *die* Krone. Verstehen Sie die markierten [= kursiven] Worte? [...] *Die* Krone ist erstlich keine Krone. Die Krone, die ein Hohenzoller nehmen dürfte, *wenn* die Umstände es möglich machen *könnten*, ist keine, die eine, wenn auch mit fürstlicher Zustimmung eingesetzte, aber in die revolutionäre Saat geschossene Versammlung *macht,* [...] sondern eine, die den Stempel Gottes trägt, die den, dem sie aufgesetzt wird nach der heiligen Ölung, „von Gottes Gnaden" macht, weil und wie sie mehr denn 34 Fürsten zu Königen der Deutschen von Gottes Gnaden gemacht und den Letzten immer der alten Reihe gesellt. Die Krone, die die Ottonen, die Hohenstaufen, die Habsburger getragen, kann natürlich ein Hohenzoller tragen, sie ehrt ihn überschwänglich mit tausendjährigem Glanze. *Die* aber, die Sie – leider – meinen, verunehrt überschwänglich mit ihrem Ludergeruch[1] der Revolution von 1848, der albernsten, dümmsten, schlechtesten, wenn auch, gottlob, nicht bösesten dieses Jahrhunderts. Einen solchen imaginären Reif, aus Dreck und Letten[2] gebacken, soll ein legitimer König von Gottes Gnaden und nun gar der König von Preußen sich geben lassen, der den Segen hat, wenn auch nicht die älteste, doch die edelste Krone, die niemand gestohlen worden ist, zu tragen? [...] Ich sage es Ihnen rund heraus: Soll die tausendjährige Krone deutscher Nation, die 42 Jahre geruht hat, wieder einmal vergeben werden, so bin ich es und meinesgleichen, die sie vergeben werden. Und wehe dem, der sich anmaßt, was ihm nicht zukommt.

Aus: Berding, Helmut (Bearb.): Die deutsche Revolution von 1848/49. Stuttgart 1985, Nr. 62, S. 84.

[1] Luder: totes Tier, das als Köder für Raubwild verwendet wird

[2] Ton, Lehm; umgangssprachlich auch für Schlamm verwendet

M28 „Wat heulst'n kleener Hampelmann"

Lithografie von Ferdinand Schröder, zuerst erschienen in: Düsseldorfer Monatshefte, 3. April 1849, unter dem Titel: Rundgemälde von Europa im August MDCCCXLIX (1849)

Bildunterschrift: „Wat heulst'n kleener Hampelmann?" – „Ick habe Ihr'n Kleenen 'ne Krone jeschnitzt, nu will er se nich!"

Erläuterung (v. l. n. r.): Eduard Simson (Präsident der Nationalversammlung) kopflose (= unfertige) Germania, Borussia (Allegorie Preußens), König Friedrich Wilhelm IV. von Preußen.

1. Erklärt, warum der König in M27 von zwei Kronen spricht und wie er sie beurteilt.
2. Verfasst eine fiktive Erwiderung aus der Sicht eines Mitglieds der Nationalversammlung.
3. Interpretiert die Karikatur M28.

© Wochenschau Verlag

M29 Der Beginn der Reichsverfassungskampagne

Die Ablehnung der Kaiserkrone (vgl. M27) bedeutete faktisch das Scheitern der Revolution. In einigen Staaten Deutschlands kam es daraufhin zu erneuten Volkserhebungen. Die neugegründete revolutionäre Regierung Sachsens erließ am 4. Mai 1849 folgende Proklamation an die Bürger des Landes:

Mitbürger! Der König und die Minister sind entflohen, das Land ist ohne Regierung, sich selbst überlassen worden, die Reichsverfassung ist verleugnet.

Mitbürger! Das Vaterland ist in Gefahr! Es ist notwendig geworden, eine provisorische Regierung zu bilden, der Sicherheitsausschuss zu Dresden und die Abgeordneten des Volkes haben nun unterzeichnete Mitbürger zur provisorischen Regierung ernannt. Die Stadt Dresden ist dem Vaterland mit dem rühmlichsten Beispiel vorangegangen und hat geschworen, mit der Reichsverfassung zu leben und zu sterben. Wir stellen Sachsen unter den Schutz der Regierungen Deutschlands, welche die Reichsverfassung anerkannt haben.[1] [...]

Mitbürger! Die große Stunde der Entscheidung ist gekommen. Jetzt oder nie. Freiheit oder Sklaverei! Wählt! Wir stehen zu Euch, steht Ihr zu uns!

Aus: Einheit und Freiheit. Die deutsche Geschichte von 1815 bis 1849 in zeitgenössischen Dokumenten. Hg. von Obermann, Karl. Berlin/Ost 1950, S. 796

[1] Am 14. April 1849 hatten 28 kleine und mittlere deutsche Staaten die Reichsverfassung angenommen.

M30 Alfred Rethel: Auch ein Totentanz, Blatt 6: Der Tod als Sieger

Rethel (1816–1859) war ein Historienmaler, der den Dresdener Aufstand (siehe M29) selbst miterlebt hatte. Der „Totentanz" ist eine Serie von sechs Holzschnitten zur Revolution, die damals sehr populär waren.

Holzschnitt von Alfred Rethel, 1849

Der Begleittext von Robert Reinick: Der sie geführt, — es war der Tod!/Er hat gehalten, was er bot./Die ihm gefolgt, sie liegen bleich/Als Brüder alle, frei und gleich!/Seht hin, die Maske tat er fort!/Als Sieger, hoch zu Rosse dort./Zieht, der Verwesung Hohn im Blick/Der Held der roten Republik.

copy

© Wochenschau Verlag

M27 Die Revolution von 1848/49 – ein ereignisgeschichtlicher Abriss

22.–24.2.1848	Volksaufstand in Paris; Sturz der französischen Monarchie
März 1848	Revolutionäre „Märzforderungen" und Einsetzung liberaler „Märzministerien" in fast allen Staaten Deutschlands (inklusive Österreich und Preußen); Einführung von Presse- und Versammlungsfreiheit
31.3.–3.4.1848	Tagung des Vorparlaments in Frankfurt am Main; Konflikt zwischen gemäßigten Liberalen und radikalen Demokraten
12.4.– 20.4.1848	republikanischer Aufstand in Baden unter Friedrich Hecker, Niederlage gegen badische und hessische Truppen
18.5.1848	Eröffnung der deutschen Nationalversammlung in Frankfurt am Main; Bildung von politischen Fraktionen („Casino", „Württemberger Hof" und andere)
29.6.1848	Einsetzung einer provisorischen Zentralgewalt für Deutschland unter Leitung Erzherzog Johanns von Österreich
Oktober/November 1848	neue Revolutionswelle in Österreich; Eroberung Wiens durch kaiserliche Truppen, Erfolg der Reaktion
9.11.1848	Hinrichtung des Paulskirchen-Abgeordneten Robert Blum wegen Beteiligung an der Erhebung in Wien
November/Dezember 1848	Staatsstreich in Preußen: Besetzung Berlins durch königliche Truppen, Auflösung der preußischen Nationalversammlung und Erlass einer Verfassung durch den König
27.12.1849	Verabschiedung der Grundrechte des deutschen Volkes durch die Nationalversammlung
27.3.1849	Verabschiedung der Reichsverfassung
28.3.1849	Wahl König Friedrich Wilhelm IV. von Preußen zum deutschen Kaiser durch die Nationalversammlung
14.4.1849	Annahme der Reichsverfassung durch 28 kleinere und mittlere deutsche Staaten
29.4.1849	offizielle Ablehnung der Kaiserwürde durch den preußischen König; Rückzug vieler Abgeordneter aus der Frankfurter Nationalversammlung
4.5.1849	Beginn der Reichsverfassungskampagne; Volkserhebungen in Sachsen, Baden und der Pfalz
Mai–Juli 1849	Niederschlagung der Aufstände vornehmlich durch preußische Truppen
6.6.1849	Eröffnung der „Rumpfparlaments" (Restbestand der Nationalversammlung) in Stuttgart
18.6.1849	gewaltsame Auflösung des Rumpfparlaments durch württembergisches Militär
23.7.1849	Kapitulation der Aufständischen in der Festung Rastatt; Ende der Reichsverfassungskampagne

1. Erläutert den Begriff „Reichsverfassungskampagne" (M29).
2. Arbeitet aus der Karikatur M30 das Ergebnis der erneuten Volksaufstände heraus.
3. Unterstreicht die Erfolge der Revolution mit grüner und die Misserfolge mit roter Farbe (M31). Vergleich eure Ergebnisse.

© Wochenschau Verlag

M32 Warum scheiterte die Revolution?

a) Der Münchener Historiker Thomas Nipperdey (1927–1992) kommt zu dem Schluss:

Wenn man unter den einzelnen Ursachen für das Scheitern in Deutschland gewichten will, muss man meiner Meinung nach sagen, dass es das großdeutsch/kleindeutsche Problem und das Problem des österreichischen Nationalitätenstaates und seiner nationalen Konflikte waren, die am meisten zählten. Sie haben schon eine schnelle Entscheidung im Sommer unmöglich gemacht, haben die ersten großen Siege der Gegenrevolution in Österreich ermöglicht, haben die Einheit der Revolution seit dem Herbst so erschüttert, dass ein gemeinsames Handeln nicht mehr möglich war, haben die Entscheidung dann auf Preußen zugespitzt. Sie letzten Endes haben die Revolution in den Wettlauf mit der Zeit gebracht, den sie nicht gewinnen konnte.

Nipperdey, Thomas: Deutsche Geschichte 1806–1866. Bürgerwelt und starker Staat. München 1983, S. 669

*b) Sein Berliner Kollege Heinrich August Winkler (*1938) führt aus:*

Gescheitert ist die Revolution vor allem an einer politischen Überforderung des deutschen Liberalismus: Es erwies sich als unmöglich, Einheit und Freiheit zur gleichen Zeit zu verwirklichen. In den alten Nationalstaaten des europäischen Westens, in Frankreich und England zumal, war die nationale Vereinheitlichung über Jahrhunderte hinweg das Werk von Königen und Ständeversammlungen gewesen; wer mehr Freiheit wollte, fand den staatlichen Rahmen schon vor, in dem die Veränderungen erfolgen sollten. In Deutschland musste der staatliche Rahmen für das Vorhaben der Liberalen und Demokraten erst noch hergestellt werden.

Winkler, Heinrich August: Der lange Weg nach Westen. Bd.1: Deutsche Geschichte vom Ende des Alten Reiches bis zum Untergang der Weimarer Republik. München 2000, S. 129 f.

*c) Dieter Langewiesche (*1943) von der Universität Tübingen erläutert in einem Interview:*

ZEIT Geschichte: Woran scheiterte die Revolution?

Langewiesche: Die militärische Macht bleib bei den alten Herrschern. Deshalb konnten die Monarchen, allen voran der preußische und der österreichische, die Revolution liquidieren. Als der preußische König die Kaiserkrone ablehnte, hätten die Revolutionäre die Entscheidung nur noch mit Gewalt erzwingen können. Das haben sie teilweise versucht, vor allem in Baden und Sachsen, aber es ist nicht geglückt.

ZEIT Geschichte: War nicht die Revolution zu schwach, sondern die Gegenrevolution zu stark?

Langewiesche: Ich würde jedenfalls sehr betonen, dass die alte Herrschaft ungebrochen geblieben ist. Sie hat es sogar geschafft, so etwas wie eine „Internationale der Reaktion" auf die Beine zu stellen. Von Preußen über Habsburg bis zur französischen Revolutionsregierung, die in Italien antirevolutionär eingegriffen hat: Es gab ein europäisches Zusammenspiel der restaurativen Kräfte. Man hat sich grenzübergreifend gestützt.

ZEIT Geschichte 3/2016: Demokratie, S. 43

*d) Der Trierer Historiker Christian Jansen (*1956) hält fest:*

Somit waren 1848 zwei gegenläufige Tendenzen im Gange: Einerseits gab es in sich äußerst heterogene Bewegungen der ländlichen Unterschichten, der Handwerker und Arbeiter, an deren Spitze sich ohne großen Erfolg radikale bürgerliche Politiker zu stellen versuchten. Andererseits versuchten die Liberalen, die Revolution in einen parlamentarisch-bürokratischen Reformprozess überzuleiten. [...]

Das liberale Bürgertum befand sich somit in einer doppelten Frontstellung: Es stand gegen die alte Ordnung, die es bereits im Vormärz bekämpft hatte, und gegen die neuen Massenbewegungen der Unterschichten. Statt dem polaren Gegensatz zwischen Staat und Gesellschaft, der das bürgerliche Denken im Vormärz strukturiert hatte, offenbarte die Revolution viel kompliziertere Konfliktlagen.

Jansen, Christian: Gründerzeit und Nationsbildung 1849–1871. Paderborn 2011, S. 16 f.

1. Verfasst Thesen zu der Frage, warum die Revolution von 1848/49 keinen unmittelbaren Erfolg hatte.
2. Untersucht in Partnerarbeit die Materialien M32a–M32d hinsichtlich der in ihnen genannten Gründe für das Scheitern.
3. Vergleicht die von den vier Historikern angeführten Aspekte mit euren eigenen Vermutungen.
4. Beurteilt die Stichhaltigkeit der verschiedenen Thesen.

copy

© Wochenschau Verlag

M33 Scheitern ohne Wenn und Aber?

*a) Der Frankfurter Historiker Dieter Hein (*1951) hält in seinem Standardwerk zur Revolution von 1848/49 fest:*

Die Diagnose des Scheiterns und die damit unmittelbar verknüpfte Frage nach den Ursachen des Misslingens finden sich in wohl jeder Revolutionsdarstellung. Die jüngere Forschung hat sich von dieser Sicht eher wegbewegt und, wie etwa Dieter Langewiesche, betont, dass „neben dem unbestreitbaren Scheitern auch die langfristigen Wirkungen und die unmittelbaren Erfolge" der Revolution berücksichtigt werden müssten. Zu den Aktiva einer solchen Bilanz zählen der Abschluss der Agrarreformen, der „Bauernbefreiung", ebenso wie die – abgesehen von Österreich und wenigen kleineren Staaten – endgültige Durchsetzung des Verfassungsprinzips, mit der zugleich eine weitgehende Sicherung individueller Grundrechte und die, ungeachtet aller fortwirkenden Widerstände und Gegengewichte, Parlamentarisierung der politischen Ordnung verbunden war. [...] Als besonderer Aktivposten wird schließlich gemeinhin die Vorbildwirkung gewürdigt, die der Paulskirchenkonstitution in der weiteren deutschen Verfassungsentwicklung, speziell für die Weimarer Reichsverfassung und das Bonner Grundgesetz, zukam.

Hein, Dieter: Die Revolution von 1848/49. München ^{4}2007, S. 135 f.

*b) Sein Kollege Franz Lorenz Müller (*1970) von der Universität von St. Andrews ergänzt:*

Im Zentrum [einer Gesamtbewertung] steht nicht die Frage nach dem Misserfolg eines bürgerlichen Projekts, sondern die Tatsache eines tiefgreifenden und umfassenden Wandels, eines bis dahin beispiellosen Politisierung-, Mobilisierungs- und Kommunikationsprozesses. Diese Dynamik war folgenschwerer als die Erfolge auf dem Gebiet der Bauernbefreiung und bei der Stärkung des Verfassungsprinzips und selbst als die Siege der Gegenrevolution. Eine Rückkehr zur Erstarrung des Metternich-Systems erwies sich als impraktikabel. Selbst die Regierungen der so genannten Reaktionsära[1] legten ein beträchtliches Modernisierungspotential an den Tag, und binnen weniger Jahre meldete sich die Opposition wieder zu Wort. [...]
Ein Dutzend Jahre später gelang der preußischen Staats- und Militärmacht – von Bismarck geführt und unter dem Beifall zahlreicher Nationalliberaler – die Gründung eines konstitutionellen, kleindeutschen Nationalstaats. „Die Totengräber der Revolution von 1848", konstatierte Friedrich Engels 1895, „waren ihre Testamentsvollstrecker geworden."

Müller, Frank Lorenz: die Revolution von 1848/49. Darmstadt ^{4}2012, S. 143

[1] Periode von ca. zehn Jahren im Anschluss an das Ende der Revolution

M34 Euro-Münze, 2015

Die 2-Euro-Gedenkmünze erschien im Januar 2015 mit einem Ausgabevolumen von 30 Millionen Münzen in der „Bundesländerserie".

1. Gebt wieder, warum die Auffassung, die Revolution von 1848/49 sei gescheitert, relativiert werden muss (M33a/M33b).
2. Erörtert die Bedeutung der in M33 genannten Nachwirkungen der Revolution.
3. Setzt euch mit der Frage auseinander, ob die Paulskirche ein geeignetes Bildmotiv für eine Euro-Gedenkmünze (M34) darstellt.

© Wochenschau Verlag

M35 Wahrnehmungen und Beurteilungen der Revolution von 1848/49

a) Der liberale Historiker Veit Valentin (1885–1947) kommt 1931 in seiner Revolutionsgeschichte zu folgendem Schluss:

Der Revolutionsversuch mit seinen Scheinerfolgen war nun einmal da, er war gemacht worden. Alle deutschen Fürsten und Staatsmänner haben seitdem mit der Revolution gerechnet und sich mit Gegenmaßnahmen auf sie eingerichtet. [...] Die deutsche Gutmütigkeit glaubte es tatsächlich ihrer hohen Obrigkeit, das „Volk" habe [1848/49] alles sehr dumm gemacht, und daraus verstehe sich das ganze Unglück; sie glaubte, Parlamentarismus und Demokratie seien ausländische Importartikel, die sich eigentlich für das wahre Deutschtum gar nicht schickten; [...] die deutsche Gutmütigkeit wurde also wieder militärfromm und adelsnärrisch, sie lernte das Geld respektieren, besonders das viele Geld, sie ochste tüchtig und wühlte sich in allerlei Kleinkram; selbständiges Denken galt bald als eine Art Frechheit; Schriftsteller wurden wieder für zügellose, unbescheidene Leute gehalten, Demokraten für schlechte Kerle, Menschen von weltbürgerlicher Gesinnung für Auslandsnarren, patriotische Deutsche für Verräter an Landesfürst, Stammesstaat und Bundestag. Befehlsgewalt und Gehorsamspflicht – das wurde der Ersatz für schöpferisches Staatsbürgertum.

Aus: Geschichte der deutschen Revolution von 1848–1849. Bd.2: Bis zum Ende der Volksbewegung von 1849. Berlin 1931, S. 549 f.

*b) Walter Schmidt (*1930) war langjähriger Vizepräsident der Historikergesellschaft der DDR. Er schrieb im Jahre 1971:*

Der anfängliche Sieg des Volkes vom März 1848 konnte nicht ausgebaut werden; er wurde im Gegenteil Schritt um Schritt rückgängig gemacht. Die Hauptschuld an diesem rückläufigen Gang der Revolution und an ihrer schließlichen Niederlage trug [...] die deutsche Bourgeoisie[1]. Statt sich an die Spitze der Revolution zu stellen und die ihr vom Volk erkämpften politischen Machtpositionen im Interesse tiefgreifender demokratischer Umwälzungen zu nutzen, bremste die Bourgeoisie die revolutionären Aktionen der Massen vom ersten Tage an. [...] Aus Furcht davor, durch eine Weiterführung der Revolution in ihrer eigenen Herrschaft durch das Proletariat und die mit ihm gemeinsam kämpfenden werktätigen Schichten gefährdet zu werden, verbündete sie sich nach dem Sieg der Märzrevolutionen mit der Feudalreaktion und beteiligte sich schließlich selbst aktiv an der Unterwerfung des Volkes. Dessen Niederschlagung aber brachte der deutschen Bourgeoisie in Wirklichkeit den Verlust der im März 1848 eingenommenen Machtposition an die alten absolutistischen Mächte und verurteilte sie Jahrzehnte lang zu politischer Ohnmacht [...].

Aus: Zur deutschen Revolution von 1848/49. Hg. von Langewiesche, Dieter. Darmstadt 1983, S. 137 f.

[1] Begriff aus der marxistischen Lehre für die herrschende Klasse der kapitalistischen Gesellschaft, die im Besitz der Produktionsmittel ist (hier: die gemäßigten Liberalen)

c) Bundespräsident Roman Herzog (1934–2017) hielt diese Rede1998 anlässlich des hundertjährigen Jubiläums der Revolution in der Frankfurter Paulskirche.

1848 begann in Deutschland eine neue Zeit. Auch wenn es danach schwere Rückschläge gab: Was hier begann, war auf die Dauer nicht mehr rückgängig zu machen. [...]

Die „Paulskirche" ist das eine große Symbol für das Streben der Deutschen nach Einigkeit und Recht und Freiheit, und erst heute können wir hinzufügen: der Fall der Berliner Mauer 1989 ist das andere. Beides sind Sternstunden deutscher Geschichte [...].

1848 gibt uns das Recht, mit Selbstbewusstsein zu sagen: Die demokratische Idee, die Ideen der Freiheit, der Menschen- und Bürgerrechte sind auch ein Teil der deutschen Tradition – auch wenn sie sich erst später wirklich durchgesetzt haben. [...]

Die Demokratie, die 100 Jahre nach der Paulskirche im Gefolge französischer, britischer und amerikanischer Soldaten bei uns wieder Einzug halten sollte, musste in den Ruinen des Deutschlands von 1945 also nicht gleichsam auf fremdem Boden Wurzeln schlagen. Von 1848 an gehören die Ideen von Demokratie, Verfassung und Teilhabe am politischen Leben auch zum Erbe unserer historischen Erfahrung.

Rede von Bundespräsident Roman Herzog anläßlich der Veranstaltung „150 Jahre Revolution von 1848/49" in der Paulskirche zu Frankfurt am Main

1. Gebt in Partnerarbeit wieder, wie der jeweilige Verfasser die Bedeutung der Revolution von 1848/49 bzw. ihr Scheitern einschätzt (M35a–M35c).
2. Nehmt Stellung zu diesen unterschiedlichen Sichtweisen.

copy

© Wochenschau Verlag

M36 „Trauernde Germania", 1872

Trotz der Bedeutung der Revolution von 1848/49 finden sich in der deutschen Landschaft fast keine Denkmäler, die an sie erinnern. Die Regierungen der siegreichen Fürsten schritten regelmäßig ein, wenn den „Aufständischen" ein ehrendes Andenken bereitet werden sollte. Eine Ausnahme stellt die „Trauernde Germania" in Kirchheimbolanden dar. Im Zuge der Reichsverfassungskampagne war es in Sachsen, Baden und der Rheinpfalz zu neuen revolutionären Erhebungen gekommen (vgl. S. 16). Am 14. Juni 1849 ereignete sich bei Kirchheimbolanden ein Gefecht zwischen Freischärlern und preußischen Truppen, in dem 17 Angehörige der Volkswehr getötet wurden. Zu ihrem Andenken errichtete lokale Patrioten 1872 das Denkmal „Trauernde Germania".

Autorentext; Bild: Denkmal auf dem Friedhof von Kirchheimbolanden/Rheinpfalz (Die Gartenlaube 37/1872, S. 609)

Erläuterung: Germania ist eine Allegorie für Deutschland; der Kranz aus Eichenlaub symbolisiert Unsterblichkeit und Standhaftigkeit.

M37 Die Weihinschrift des Denkmals

In den Sockel des Denkmals wurde in einem gläsernen Zylinder eine auf Pergament geschriebene Urkunde mit folgender Beschriftung eingelegt:

Im Jahre 1848–1849 hat die vom deutschen Volke gewählte deutsche Reichsversammlung in Frankfurt/M. eine deutsche Reichsverfassung auf gesetzlichem Wege beraten und festgestellt, deren Ein- und Durchführung sich jedoch verschiedene deutsche Fürsten gegen den Wunsch und das Wohl des Volkes widersetzten. Die Bevölkerung der bairischen Pfalz und von Baden trat für ihr gutes Recht ein, ihre dafür streitende Volkswehr aber wurde von der Übermacht der von den Fürsten gegen sie aufgebotenen Heere besiegt und die Hoffnung auf die Schaffung eines einigen, freien deutschen Reichs in damals unabsehbare Ferne hinausgerückt. An diesem Kampfe für sein gutes Recht wurde das pfälzische Volk von vaterlands- und freiheitsbegeisterten Männern und Jünglingen aus der rheinhessischen Nachbarprovinz unterstützt, welche eine Freischaar bildeten, die am vierzehnten Juni 1849 den ersten Kampf gegen eine in die Pfalz einrückende preußische Heeresabtheilung hier in Kirchheimbolanden zu bestehen hatte, wobei die nachstehend Aufgeführten [es folgen die Namen] den Heldentod für Freiheit und Vaterland starben und auf diesem Friedhofe ihre letzte Ruhestätte fanden.

Aus: Die Gartenlaube 37/1872, S. 612

1. Entwickelt Ideen für ein Denkmal für die Revolution von 1848/49.
2. Beurteilt das Denkmal „Trauernde Germania" (M36) vor dem Hintergrund eurer Entwürfe.
3. Gebt wieder, wie die Widmungsurkunde M37 die Revolution im Allgemeinen und den Aufstand in der Pfalz im Besonderen charakterisiert.
4. Erörtert die Frage, warum die bayerische Regierung die Errichtung des Denkmals M36 erst kurz nach der Reichsgründung von 1871 gestattete.

© Wochenschau Verlag

M38 Eine Umbenennung

Fotografie des alten und neuen Straßenschildes, 2000, Cyzen (CC BY-SA 4.0)
Erläuterung: Der 18. März 1848 war der Tage der Barrikadenkämpfe in Berlin (vgl. S. 5).

M39 Der 18. März als nationaler Gedenktag?

Aus einem Bericht des Wissenschaftlichen Dienstes des Deutschen Bundestags, November 2019:

Bereits seit Gründung der Bundesrepublik Deutschland wird auf die Bedeutung des 18. März 1848 verwiesen. Frühere Bundespräsidenten wie Theodor Heuss und Gustav Heinemann würdigten das Jahr 1848 als besonders bedeutsam für die deutsche Demokratie. Seit 1978 engagiert sich die Bürgerinitiative „Aktion 18. März" dafür, in Erinnerung an die Märzrevolution in Berlin 1848 diesen Tag zum nationalen Gedenktag zu erklären. Zudem wird darauf verwiesen, dass am 18. März 1793 in Mainz die erste Republik in Deutschland ausgerufen wurde und am 18. März 1990 die ersten freien Volkskammerwahlen in der DDR stattfanden. Viele Politiker unterstützen das Projekt, etwa Wolfgang Thierse (SPD), Petra Pau (Die Linke) oder Katrin Göring-Eckardt (Bündnis 90/Die Grünen). Zusätzlich zum eher „blutleeren 3. Oktober", der historisch lediglich auf einen formalen bürokratischen Akt verweise, könne man am 18. März einschneidende historische Ereignisse würdigen, bei dem Menschen ihr Leben für die Demokratie einsetzten. [...]

Bisher haben jedoch politische Vorstöße für einen neuen nationalen Gedenktag keine breite Unterstützung gefunden. Im Jahr 2008 brachte das Land Berlin einen Antrag hierzu in den Bundesrat ein, der lediglich von Thüringen unterstützt wurde. „Ich kann die Reaktion der anderen Länder auf den Berliner Vorstoß schon verstehen", so der renommierte Tübinger Historiker Dieter Langewiesche. Man könne nicht ein vor allem preußisches Datum zu einem Gedenktag für ganz Deutschland machen. Zwar sei der Gedanke, den Geburtstag der deutschen Demokratie auf das Jahr 1848 zu legen, nicht falsch. „Damals wurde erstmals versucht, einen gesamtdeutschen Nationalstaat mit einer liberaldemokratischen Verfassung zu schaffen." Aber die Berliner Ereignisse vom 18. März seien für einen gesamtdeutschen Gedenktag nicht geeignet. Hier habe sich das Abgeordnetenhaus wohl von Lokalpatriotismus leiten lassen, so Langewiesche. Er plädiert dagegen für zwei andere 1848er-Tage als Gedenkdatum: zum einen für den 18. Mai, als die Nationalversammlung in der Frankfurter Paulskirche zusammentrat, zum anderen für den 27. Dezember, als dieses Parlament die Grundrechte verabschiedete.

Deutscher Bundestag, Wissenschaftlicher Dienst, WD 1 - 3000 – 028/19

1. Interpretiert das Straßenschild M38.
2. Fasst die Argumente für und gegen den 18. März als nationalen Gedenktag zusammen (M39).
3. Nehmt selbst Stellung zu dieser Frage.

copy

© Wochenschau Verlag

M40 Aus den „Lebenserinnerungen" von Carl Schurz, 1906

Schurz (1829–1906) beteiligte sich aufseiten der Demokraten an der Revolution von 1848/49. Nach deren Scheitern floh er in die USA und machte dort eine politische Karriere. Er war ein Freund Abraham Lincolns, General der Nordstaaten-Armee im Sezessionskrieg, Mitglied des US-Senats und Innenminister des Landes.

Seit dem französisch-deutschen Krieg von 1870 und der Gründung des jetzigen Deutschen Reiches haben sich die Deutschen daran gewöhnt, sich über das Jahr 1848 lustig zu machen. Man nennt es dort das „tolle Jahr" und spottet über die vermeintliche Gedankenlosigkeit, mit der zu jener Zeit großartige politische Programme erstellt, umfassende Forderungen erhoben und weitreichende Unternehmungen in Angriff genommen worden seien. Grausame Enttäuschungen und Katastrophen seien darauf gefolgt. Verdient das deutsche Volk von 1848 wirklich solchen Hohn?

Es ist schon wahr: Die Akteure von damals verstanden es nicht, mit den bestehenden Verhältnissen richtig umzugehen und die so erfolgreich und hoffnungsvoll begonnene Bewegung dem gewünschten Ziel zuzuführen. Richtig ist auch: Die Bewegung des Volkes war zerfahren, und im Rückblick erscheint sie in einigen Punkten recht skurril.

Aber kann man sich wirklich darüber wundern? Die damals Handelnden waren in Wissenschaft, Philosophie, Literatur und Kunst weit fortgeschritten, doch hatten sie in politische

Dingen immer unter strenger Vormundschaft gestanden und waren an der kurzen Leine geführt worden. Sie hatten nur aus der Ferne beobachten können, wie die anderen Völker ihr Selbstbestimmungsrecht ausübten und sich an den Aufgaben des Staates aktiv beteiligten.

Sie hatten gelernt, diese fremden Nationen zu bewundern, vielleicht auch zu beneiden. Die Funktionsweise freier Institutionen hatten die deutschen Bürger in Büchern studiert und in Zeitungsartikeln verfolgt. Sie hatten sich danach gesehnt, solche Institutionen selbst zu besitzen, und sich ernsthaft bemüht, sie in ihren Staaten einzuführen. Aber trotz all dieses Beobachtens, Lernens, Sehnens und Bemühens: Die vorherrschende staatliche Bevormundung hatte die meisten Deutschen von praktischen Erfahrungen mit der Ausübung politischer Macht strikt ausgeschlossen. Sie durften nicht kennenlernen, was politische Freiheit in Wahrheit bedeutet. [...]

Plötzlich, nach langer innerer Gärung und einen Anstoß von außen folgend, erhob sich das deutsche Volk mit Macht. Die Könige und Fürsten gewährten nun alles, was sie vorher verweigert hatten, und das Volk fand sich plötzlich im vollen Besitz einer ungewohnten Macht wieder. Kann man sich darüber wundern, dass dieser überraschende Wandel eine Reihe verworrener Wünsche und fehlgeleiteter Bestrebungen hervorbrachte? Wäre es nicht geradezu erstaunlich gewesen, wenn das Volk seine Wünsche sofort klar definiert, klug begrenzt und unverzüglich die geeigneten Mittel zu ihrer Erlangung gefunden hätte? Erwarten wir etwa, dass ein Bettler, der plötzlich zum Millionär wird, sofort weiß, wie er von seinem ungewohnten Reichtum den besten Gebrauch macht?

Wenn die politischen Vorstellungen auch vage gewesen sein mögen, so kann man doch von der großen Mehrheit des deutschen Volks nicht sagen, dass es in der revolutionären Bewegung des Jahres 1848 im Wesentlichen etwas Unvernünftiges oder Unerreichbares erstrebt hätte. Vieles von dem, was es damals zu erreichen suchte, ist heute Wirklichkeit. Die Irrtümer, die 1848 begangen wurden, betrafen mehr die angewandten Mittel als die gesteckten Ziele. Und die größten dieser Irrtümer entsprangen aus der kindlichen Zuversicht, mit der die Revolutionäre die vollständige Erfüllung all jener Versprechen erwarteten, welche die Könige und Fürsten, insbesondere der König von Preußen, unter dem Zwang der Umstände gegeben hatten. [...]

Die Fürsten standen unter dem Einfluss der Machenschaften reaktionärer Kräfte und sahen sich zugleich gelegentlichen Exzessen der Revolution gegenüber. Hätten sie sich davon nicht beeindrucken lassen, sondern mit unbeirrbarer Treue unter Aufbietung all ihrer Macht im März 1848 das getan, was das Volk von ihnen erwarten durfte, dann hätten sich die wesentlichen Ziele, für die damals gekämpft wurde, als völlig praktikabel erwiesen. Es war gewiss nicht klug, dass sich die Revolutionäre im Hochgefühl der enthusiastischen Freude über den „Völkerfrühling" leichtgläubig dieser Zuversicht hingaben, statt sich die nötigen Garantien für den voraussehbaren Gegenschlag zu sichern. Diese Unklugheit entsprang jedoch keiner unedlen Quelle.

Wer die Schuld am Scheitern der Revolution von 1848/49 ausschließlich dem deutschen Volk und seinen Anführern zuschreibt und dabei die Rolle der Fürsten übersieht, der ist zweifellos im Unrecht.

The Reminiscences of Carl Schurz. Bd.1: 1829–1852. New York 1907, S. 124–126. Übers. M. Brabänder

1. Gebt wieder, wie der Autor die Leistungen der Revolutionäre einerseits und die Politik der Fürsten andererseits charakterisiert (M40).
2. Setzt diese Thesen in Beziehung zum tatsächlichen Verlauf der Revolution.
3. Diskutiert die Ursachen für das Misslingen der Revolution.

© Wochenschau Verlag

Sekundärliteratur

Bleyer, Alexandra: 1848. Erfolgsgeschichte einer gescheiterten Revolution. Stuttgart 2022.
Bong, Jörg: Die Flamme der Freiheit. Die deutsche Revolution 1848/49. Köln 2022.
Engehausen, Frank: Die Revolution von 1848/49. Frankfurt/M. 2007.
Dipper, Christof/Speck, Ulrich (Hg.): 1848. Revolution in Deutschland. Frankfurt/M. 1998.
Fahrmeier, Andreas: Revolutionen und Reformen. Europa 1789–1850. München 2010.
Fehrenbach, Elisabeth: Verfassungsstaat und Nationsbildung, 1815–1871. München ²2007.
Hachtmann, Rüdiger: Epochenschwelle zur Moderne. Einführung in die Revolution von 1848/49. Tübingen 2002.
Hardtwig, Wolfgang (Hg.): Revolutionen in Deutschland und Europa 1848/49. Göttingen 1998.
Hein, Dieter: Die Revolution von 1848/49. München ⁶2019.
Klemm, Claudia: Erinnert, umstritten, gefeiert. Die Revolution von 1848/49 in der deutschen Erinnerungskultur. Göttingen 2007.
Langewiesche, Dieter: Europa zwischen Restauration und Revolution 1815–1849. München ⁵2007.
Müller, Frank Lorenz: Die Revolution von 1848/49. Darmstadt ⁴2012.
Rapport, Mike: 1848. Revolution in Europa. Stuttgart 2011.
Siemann, Wolfram: 1848/49 in Deutschland und Europa. Paderborn 2006.
Siemann, Wolfram: Die deutsche Revolution von 1848/49. Frankfurt/M. ⁸2006.
Sperber, Jonathan: The European revolutions, 1848–1851. Cambridge ²2005.
Werner, Eva Maria: Kleine Geschichte der deutschen Revolution von 1848/49. Wien u. a. 2009.

Internet

https://www.dhm.de/lemo/kapitel/vormaerz-und-revolution
www.bpb.de/shop/zeitschriften/informationen-zur-politischen-bildung/9839/revolution-von-1848
http://www.deutschlandundeuropa.de/35_97/revolut.pdf
www.bayerische-landesbibliothek-online.de/bayerische-zeitungen-1848–1850
www.ub.uni-heidelberg.de/helios/digi/kladderadatsch.html
http://sammlungen.ub.uni-frankfurt.de/1848/

Fachdidaktisches

Praxis Geschichte 2/2013: 1848/49. Europäisches Epochenjahr.
Praxis Geschichte 2/1998: 1848/49.
Geschichte Lernen 61 (Januar 1998): 1848.
EinFach Geschichte ... unterrichten (2022): Der Vormärz und die Revolution von 1848.
https://segu-geschichte.de/?s=1848

copy

© Wochenschau Verlag